I0840122

Jean-Noël Carpentier

Le Front National : symptôme d'une France qui doute

Avant-propos

J'appartiens à une génération qui a toujours connu la présence, à un haut niveau électoral et avec une forte présence médiatique, du Front National dans le paysage politique.

C'est en 1984 qu'une liste conduite par Jean-Marie LEPEN aux élections Européennes réunissait 10,95% des suffrages exprimés. Dix ans plus tôt, lors des élections présidentielles de 1974, le même Jean-Marie LEPEN avait réalisé un score de...0,75%. Ce résultat national de 1984 confirmait une montée du FN dans l'opinion. La droite de l'époque n'hésitant pas, quelques mois auparavant, en septembre 1983, à faire alliance avec lui lors d'une élection municipale partielle à Dreux. Tous les leaders nationaux du RPR et de l'UDF ont soutenu cet accord pour battre la gauche.

Mais cette poussée du FN était aussi révélatrice d'une réalité encore plus inquiétante avec une augmentation des actes racistes. Pour la seule année 1983, cinq meurtres ont été reconnus racistes par le ministère de l'intérieur de l'époque.

Tout cela fut ressenti comme un véritable choc par la société française et tout particulièrement par la jeunesse. La fraternelle « marche pour l'égalité et contre le racisme », puis plus tard le succès du slogan « touche pas à mon pote », de SOS racisme, furent, dès cette époque, des mouvements de résistance contre le racisme.

Comme d'autres jeunes, en 1984, j'étais inquiet des progrès du FN. Cette inquiétude ne m'a pas quitté ; elle a même grandi au fur et à mesure de l'ancrage de l'influence du FN dans notre pays. Ma détermination à combattre l'extrême-droite n'a pas faibli. C'est même le contraire : elle est plus forte que jamais. Avec ce bref essai je me propose d'en dire les raisons.

On ne peut jamais exclure, en politique, la survenue du pire, comme nous l'enseigne l'histoire. Et l'histoire, c'est la mémoire de l'humanité.

Or rien n'est pire que de perdre la mémoire.

Le FN : héritier de l'extrême-droite française

Issu directement du mouvement néofasciste "Ordre nouveau" et créé officiellement en 1972, le Font National est l'héritier de l'extrême-droite française. Antisémitisme, xénophobie, racisme et populisme sont les piliers d'un courant politique malheureusement bien ancré dans notre pays.

C'est vers le milieu du 19ème siècle qu'apparaît l'expression « extrême-droite ». A l'époque elle désigne les forces hostiles à l'instauration de la République, les monarchistes et les Bonapartistes pour l'essentiel.

Des forces qui vont être particulièrement actives après le désastre de Sedan et la chute du second empire. Elles vont se montrer d'autant plus agressives qu'elles ont redouté, avant de contribuer à la noyer dans le sang, la grande épopée de la Commune de Paris. Surtout elles redoutent ce que la Commune a semé dans le pays, en dépit de son échec final.

Les uns et les autres - monarchistes et bonapartistes – ne sont alors obsédés que d'une chose : en finir définitivement avec la « gueuse » - la République - et faire retour vers le conservatisme social et politique d'ancien régime. Ils vont échouer après la chute de l'Empire mais ils ne vont pas renoncer pour autant.

Dès 1886 un homme, Boulanger, va incarner ce que l'on nommera le nationalisme – un troisième mot pour désigner ce qui n'est qu'un avatar d'une même idéologie.
Pendant quelques années, jusqu'en 1890, sa popularité sera immense, avant qu'il ne finisse par décevoir ses partisans en refusant de prendre d'assaut le palais de l'Elysée. Il se réfugiera alors à Bruxelles où il se suicida en 1891.

Cette période, assez courte, d'une vingtaine d'année (de la fin de la Commune à la mort de Boulanger) correspond aux prémices de la structuration en France d'un mouvement politique qui aspire à un « ordre nouveau », radicalement opposé aux valeurs de la Révolution et farouchement xénophobe et antisémite.

Evoquant le nationalisme le grand historien René Rémond a écrit que « le boulangisme en a dressé l'acte de naissance » et « l'affaire Dreyfus son acte de baptême ».

Des documentaires, des films, d'innombrables ouvrages ont traité de cette affaire qui a divisé la France en « dreyfusard » et « anti-dreyfusard » à la charnière des 19ème et 20ème siècles. Rappelons les faits.

Le capitaine Dreyfus, officier français de confession juive, est accusé d'être un espion au service de l'Allemagne. Dégradé il est déporté au bagne de Cayenne, en Guyane. Très vite, des journalistes, des hommes politiques, des intellectuels vont exprimer des doutes à l'égard des accusations dont Dreyfus fait l'objet. Finalement, il est établi qu'il est innocent et que c'est un véritable complot à l'instigation d'une partie des plus hautes autorités militaires qui l'a injustement accablé. C'est ce qu'écrit Émile Zola dans le fameux article publié par le journal « l'aurore » sous le titre « J'accuse ». Dreyfus sera finalement rétabli dans son honneur, libéré et réintégré dans l'armée.

Mais pendant une dizaine d'années on aura vu en France se déchaîner, une fois encore et avec une extrême violence, ce nationalisme obsédé d'autorité et de « rejet de l'autre », comme on a coutume de dire aujourd'hui.

Pourtant, même défaits, les « anti-dreyfusards » ont fait souche, durablement et jusqu'à aujourd'hui. Car ce sont leurs héritiers que l'on retrouve au milieu des années 30. Ce sont eux qui tenteront de s'emparer du pouvoir – sans succès fort heureusement – le 6 février 1934. Eux encore qui se dresseront contre le Front populaire et les immenses acquis sociaux pour la classe ouvrière.

Eux, toujours, qui préféreront « Hitler plutôt que le Front populaire » quand monteront les périls après l'odieuse capitulation Franco-Anglaise devant les exigences allemandes à Munich, en septembre 1938.

Et finalement, c'est encore eux, emmenés par Pétain, qui vont plonger la France dans la collaboration avec le nazisme et son cortège d'infamies : le statut des juifs, la rafle du « Vel d'hiv », la déportation, le STO, la traque impitoyable de la résistance, la fin de toutes les libertés publiques et démocratiques. Car il ne faut jamais l'oublier : l'extrême-droite a occupé le pouvoir en France, pendant 4 ans. Quatre années sans doute les plus noires de l'histoire de notre pays, que Jean-Marie le Pen a cependant toujours banalisées, dont il a nié l'horreur, jusqu'à en célébrer les vertus.

Après la seconde guerre mondiale et jusqu'au début des années 80, l'extrême-droite française est sur le reculoir au plan électoral même si elle retrouve parfois, comme au milieu des années 50, un certain rebond. C'est le cas avec le mouvement poujadiste (du nom de son fondateur, Pierre Poujade) qui permettra à Jean-Marie LE PEN d'être élu député en 1956.

Puis ce sera, avec la guerre d'Algérie, l'apparition du groupe terroriste OAS (organisation de l'armée secrète) coupable d'innombrables assassinats et d'une tentative de renverser la République avec l'aide d'une partie de la hiérarchie militaire.

A l'échelle de nos existences humaines, quelques décennies c'est beaucoup. A l'échelle de l'histoire, c'était hier.

Marine Le Pen : la grande arnaque de la dédiabolisation

Voilà une trentaine d'années que l'extrême-droite a le vent en poupe en France et en Europe. Mais aujourd'hui les leaders d'extrême-droite veulent franchir un nouveau cap. Ils veulent accéder au pouvoir.

Pour réussir cette quête en respectabilité l'extrême-droite abandonne peu à peu la phraséologie trop ouvertement raciste au profit d'un discours xénophobe et islamophobe selon eux plus acceptable par les populations. C'est l'objectif de la « dédiabolisation ».

En France, Marine LE PEN rompt avec les mouvements satellitaires du FN trop radicalisés et n'hésite pas à exclure plusieurs de ses candidats locaux lorsque ceux-ci dépassent les bornes publiquement. Cette démarche est également appliquée à son père qui est dorénavant considéré par les cadres dirigeants du FN comme un « obstacle » à la marche vers le pouvoir.

Alors bien sûr l'extrême-droite d'aujourd'hui n'est pas l'extrême-droite d'hier. Je ne me mêlerai pas aux débats des experts qui cherchent une nouvelle appellation pour ces mouvements. Nommé « droite radicale », « parti anti-système » ou encore « droite populiste » le Front National de Marine LE PEN demeure l'incarnation en France de l'extrême-droite d'aujourd'hui. Elle n'est pas moins dangereuse qu'hier sous prétexte qu'elle accepterait le jeu démocratique. Mais que ferait-elle de cette démocratie une fois le pouvoir conquis ? C'est Niguel FARAGE, pas un tendre non plus celui-là, leader du parti xénophobe anglais qui déclarait que « l'antisémitisme est dans l'ADN du Front National ».

Une internationale de l'extrême-droite ?

La France n'est pas le seul pays concerné par la présence préoccupante des forces ultra-conservatrices et anti-républicaines semblables au Front National. C'est vrai dans le temps et dans l'espace.

Dans le temps : l'Italie fasciste dès le début des années 20 ; l'Allemagne nazie à partir du début des années 30 ; le Franquisme en Espagne et le Salazarisme au Portugal avant la seconde guerre mondiale ; le régime des colonels en Grèce au début des années 60 ; le nationalisme japonais à partir des années 20 ; la succession des régimes autoritaires en Amérique latine (souvenons-nous du coup d'Etat du général Pinochet en 1973, au chili, qui assassine le président Allende, souvenons-nous aussi de l'Argentine, du Brésil...).

Dans l'espace : en 2015 il n'y a pas qu'en France, loin s'en faut, où l'on constate la montée du péril autoritaire et xénophobe.

L'extrême-droite a très significativement progressé ces dernières années dans nombre de pays de l'ex bloc soviétique : en Russie et en Hongrie, en Bulgarie et en république tchèque particulièrement.

Mais elle a pris aussi un essor significatif dans les pays scandinaves, aux Pays-Bas en Finlande, au Danemark, au Royaume-Uni (on l'a vu lors des dernières élections européennes) en Grèce (avec le sinistre mouvement « Aube dorée) en Autriche, en Hongrie, et même en Allemagne (là aussi se reporter aux dernières élections européennes), en Suisse. Aux Etats-Unis, avec l'émergence du « Tea-party »... Le candidat Donald Trump à l'investiture Républicaine avec son programme anti-immigré est significatif d'un glissement vers le populisme et l'extrême-droite.

Il faut prendre très au sérieux cette émergence à travers le monde occidental.

Je ne dis pas que les uns et les autres se voient régulièrement afin d'élaborer une stratégie concertée. En revanche, j'affirme que leur connivence politique et idéologique est complète ; que les progrès des uns, ici où là, sont des encouragements pour les autres. Ils se renforcent et crédibilisent mutuellement leur action.

Il n'y a pas besoin de complot international, d'instance organisée et hiérarchisée pour que le poison du populisme ou du nationalisme se répande, gagne des consciences, éventuellement s'empare du pouvoir.

Mais alors, comment expliquer ces progrès ?

La « crise économique » fautive

L'expression « crise économique » est employée depuis des décennies par les responsables politiques, les journalistes et divers observateurs de la vie politique. Mais de quoi parlons-nous exactement ? Examinons, d'abord, le cas de la France.

En 1981, François Mitterrand est élu président de la République et, dans la foulée, une écrasante majorité de gauche est envoyée à l'Assemblée nationale. En 23 ans de 5ème République la gauche occupe le pouvoir pour la première fois.

« Changer la vie » : tel est alors le slogan du parti socialiste, et les français y aspirent profondément après le septennat de Valery Giscard d'Estaing. Un premier train de mesures, avec l'abolition de la peine de mort, les nationalisations, les droits des travailleurs, l'abaissement de l'âge de la retraite, etc.... est engagé, à la satisfaction de celles et ceux qui ont porté la gauche au pouvoir.

Mais moins de deux ans plus tard, au printemps 1983, c'est le « tournant de la rigueur ». Les promesses de la campagne de 1981 non encore réalisées sont abandonnées. La sidérurgie française est liquidée, entraînant des dizaines de milliers de licenciements ; le frein est mis brutalement, sur l'augmentation du pouvoir d'achat...

Les raisons de ce revirement sont, explique-t-on aux français, dues à la concurrence internationale et à la nécessité pour notre pays d'être – déjà ! – « compétitif ».

Depuis, nous avons connu trois cohabitations (1986-1988, 1993-1995 et 1997-2002) ou une alternance droite-gauche régulière (sauf la période 2002-2012, où la droite reste majoritaire deux mandats consécutivement).

Et pendant toute cette longue période, de 1983 à 2015, il est constamment question de la crise pour justifier les politiques suivies.

Or, le résultat de ces politiques c'est - en tendance longue - l'augmentation du chômage, l'accroissement de la précarité, le recul de l'âge de départ à la retraite, l'explosion des inégalités – des pauvres de plus en plus nombreux ; des riches de plus en plus riches – la désindustrialisation et l'approfondissement de la crise agricole, le surgissement d'une crise environnementale et écologique majeure.

Et quand, en septembre 2008, la crise dite des « subprimes » éclate aux Etats-Unis puis déferle sur l'Europe les conséquences vont en être d'autant plus désastreuses pour des millions de femmes et d'hommes des deux cotés de l'Atlantique.

Plus grave encore : pour faire face à ces difficultés accrues les responsables politiques au pouvoir vont plaider et agir en faveur de l'austérité. Ainsi en Europe où, au prétexte des exigences imposées par la construction Européenne et pour affronter la crise, les états sont sommés par la commission de Bruxelles de respecter une orthodoxie budgétaire qui impose une réduction drastique des dépenses publiques, tout particulièrement des dépenses sociales.

De tout cela – rapidement évoqué ici – il va résulter non pas une sortie de crise mais, à l'exact inverse, un enfoncement dans la crise et une explosion des inégalités.

Je ne suis pas un partisan de la « démondialisation », pas plus que de la sortie de l'euro ou de l'Europe.

C'est de choix et de contenus politiques qu'il s'agit. Aujourd'hui, et depuis plusieurs décennies, ils sont commandés par les dogmes de ce que l'on appelle le « libéralisme », dont l'objectif est l'accumulation continue du profit financier par la spéculation boursière, la liberté totale des marchés et le bénéfice immédiat au détriment de l'investissement utile, des politiques soucieuses du bien public, du progrès social.

C'est pourquoi mondialisation et construction européenne sont aujourd'hui redoutées par nombre de nos concitoyens alors qu'elles devraient être une chance. Et c'est sur ce terreau d'échecs de ces politiques et de craintes qu'elles inspirent que les populistes de droite prospèrent.

La crise de la politique est grave

Depuis longtemps je pense que le fonctionnement de notre démocratie est devenu très insatisfaisant. Faut-il aller vers une nouvelle constitution, celle de la 6ème République ? Peut-être. Ce dont je suis certain c'est que nos institutions ont besoin d'un sérieux dépoussiérage.
Mais surtout une nouvelle et très belle construction institutionnelle ne servira a rien si la politique continue d'être pratiquée comme elle l'est aujourd'hui, et ma remarque vaut pour tout le monde à gauche et à droite.

Ce sont les partis politiques, leurs dirigeants et les élus qui doivent aujourd'hui procéder à un rigoureux « examen de conscience » et en tirer des conséquences pratiques innovantes, en rupture radicale avec des habitudes installées depuis trop longtemps. Il faut, en somme, s'attaquer à une crise spécifique : la crise de la politique.

Il faut d'abord en finir avec l'infantilisation des citoyens en période électorale. Ils ne sont pas dupes ! J'ai entendu un jour lors d'un débat télévisé, une responsable politique de droite – je tairai son nom par charité – expliquer qu'il était normal de faire des promesses en période électorale, puis de ne pas forcément les réaliser une fois élu, au nom des impératifs de la « gouvernance ». Quel cynisme ! Et il ne s'est trouvé personne sur le plateau pour protester contre ce propos, au contraire : tout cela était naturel, « normal » selon les invités réunis ce soir-là.

Cela nous montre à quel point une partie de ce que l'on nomme la « classe politique » a intégré le débat public comme un marché aux voix et les électeurs comme de simples consommateurs que l'on peut séduire avec des offres promotionnelles électorales. Cette dérive alimente la rengaine du « tous les mêmes » tant utilisée par le Front National.

Mais il y a plus grave. Rappelons-nous du référendum de 2005 sur le TCE (Traité

Constitutionnel Européen). Une majorité de français, j'en faisais partie, le rejette. Moins de deux ans plus tard ce qui est sorti par la porte par le vote du peuple revient par la fenêtre avec le traité de Lisbonne. Il n'y a pas manière plus brutale, plus méprisante de signifier aux citoyens que leur avis ne compte pas. C'est un véritable déni du verdict populaire. Comment s'étonner, alors, que selon les enquêtes d'opinion, plus de 80% des personnes interrogées estiment que ni la gauche, ni la droite ne s'intéressent aux problèmes des « gens comme eux » ? La fracture est profonde.

Et puis il y a aussi les « affaires » d'argent, de corruption ou d'enrichissements indus. Comment ne pas en parler ?

A travers l'histoire il y a toujours eu ce type d'affaires. Elles sont inhérentes malheureusement à tous les pouvoirs. Mais c'est vrai, en temps de crise économique, elles sont encore plus insupportables. Elles alimentent le sentiment de délaissement. Elles renforcent l'idée que les politiques ne sont plus là pour servir mais pour se servir. Pourtant, je le dis avec force, le « tous pourris » est une hérésie. Il y a en France des centaines de milliers d'hommes et de femmes qui s'engagent en politique à travers le pays, dans nos villes, nos villages, d'une manière totalement sincère avec un sens aigu de l'intérêt général.

J'appelle bien sûr à la Vertu, tant chérie par les pères fondateurs de la République, mais je crois tout autant à la mise en place de règles de contrôle fermes pour protéger notre système politique de la corruption et punir fermement les « brebis galeuses ». De ce point de vue le président de la République actuel et sa majorité ont initié des réformes utiles qu'il faut certainement renforcer.

Plus d'écoute, plus de respect de la parole donnée, plus d'éthique... On le voit, le pays a grand besoin d'une citoyenneté et d'une démocratie profondément renouvelées. Et si j'ai le sentiment que cette crise de la politique ne se résoudra pas du jour au lendemain, je pense que rien n'est perdu ou alors nous n'avons plus qu'à abandonner le terrain aux populistes.

Il faut engager des réformes de modernisation de notre démocratie. Cela passe, par exemple, par une limitation du nombre des mandats électifs, dans le temps et en nombre ; par un recours facilité à l'usage du referendum, du local au national ; par le développement des droits des salariés dans les entreprises ; par une démocratie plus participative... Bref, donner et écouter davantage la parole du peuple.

Cela passe aussi par le renouvellement des pratiques politiques. Notre système politique doit être interrogé. Les partis politiques républicains notamment ont une énorme responsabilité en la matière. Trop dépendants de l'appareil d'Etat, ils ne sont plus en capacité de donner la parole au peuple, ils ne sont plus en capacité d'inventer des idées pour agir. Ils doivent trouver les moyens de redevenir utiles à nos concitoyens, utiles au débat politique et non politicien. Cette refondation nécessite certainement beaucoup d'audace pour dépasser les modes de fonctionnement des structures actuelles.

Cet espoir d'une démocratie renouvelée que nous sommes nombreux à porter ne peut en réalité exister sans un sursaut citoyen. Je reste convaincu que notre peuple possède les ressources pour reprendre un pouvoir qui par bien des égards lui est confisqué.

La gauche doit reprendre sa place

La sensation du « tous les mêmes », que « la gauche et la droite c'est pareil » renforce l'extrême-droite. Sur ce point j'ai la désagréable sensation que la gauche est quelque peu responsable ! Cela me désole. Mais force est de constater que les idées de solidarité, de partage, d'égalité peinent à s'exprimer.

La gauche traversée par ses batailles intestines en oublie l'essentiel. Ses querelles internes, personnelles et d'étiquettes l'empêchent de répondre aux attentes et aux interrogations de nos concitoyens. Le Front National a beau jeu de prendre la place du « défenseur » du peuple.

Il en est ainsi des questions sociales. Alors que la gauche lorsqu'elle est au pouvoir « oublie » certaines de ses promesses au nom du réalisme économique et qu'elle semble plier aux injonctions des impératifs des marchés financiers, le Front National lui, non sans démagogie veut apparaître « social ». C'est quand même fort de café lorsque l'on connaît son programme !

Pour moi, c'est l'essentiel, l'action politique doit toujours partir des besoins humains pour, toujours, y faire retour.

Dire les choses ainsi ne signifie pas que tout est possible tout de suite. Face au nombre et à la complexité des problèmes à résoudre ce serait un mensonge éhonté.

Cela signifie que l'action publique doit se fixer des priorités afin de respecter et faire progresser les droits fondamentaux des êtres humains. J'en vois 5 : le droit à un travail correctement rémunéré ; le droit à un logement de qualité ; le droit à la santé ; le droit à l'éducation et à la culture ; le droit à un environnement respectueux de la nature.

Il en est bien d'autres, me dira-t-on. C'est vrai, mais je tiens ceux que je viens d'évoquer pour le socle solide sur lequel fonder utilement les politiques publiques aussi bien que les choix des entreprises.

Je les tiens comme susceptibles d'orienter efficacement l'action des services publics aussi bien que les politiques d'investissement.

Au demeurant, c'est sur ces bases que dans une période extrêmement difficile, à la libération, et alors que la France était ruinée, le gouvernement d'union du général De Gaulle a mené son action. Et ce fut une reconstruction profitable à l'économie, aux entreprises et aux français.

Et puis il faut aborder la question dite de « l'immigration » tant cette question fait débat dans le pays et en Europe avec cette terrible « crise des migrants » comme disent les médias. L'extrême-droite en fait son sujet de prédilection et le mélange perfidement avec les questions sociales, avec la sécurité ou encore avec le terrorisme. C'est son fonds de commerce. La gauche ne peut pas se taire sur cette question. Trop de manipulations, trop de flatteries malsaines sont déversées sur le sujet.

Depuis des siècles la France est un pays « creuset », probablement celui où sous divers effets (guerres, invasions, famines, raisons économiques, asile...) le brassage des cultures a eu le plus d'ampleur avec, inséparablement, le plus de résultats positifs.

La France « pays des droits de l'homme » n'est pas une vaine formule. Nous pouvons être fiers de notre tradition d'accueil des persécutés, politiques ou religieux, et des étrangers qui y ont trouvé les moyens d'échapper à la misère dans leur pays d'origine. Remarquons au passage, mais c'est l'essentiel, qu'ils ont aussi puissamment contribué à l'essor économique de la France, par leur travail et leur savoir-faire.

Aujourd'hui les choses sont plus difficiles que dans les périodes précédentes notamment à cause de la crise économique qui pèse lourdement sur les corps et les esprits de nos concitoyens depuis trop d'années.

N'empêche : nous avons des devoirs, et tous les pays de l'Union Européenne également, à l'égard de celles et ceux dont l'existence est menacée en raison des guerres et des troubles politiques dans leurs pays. Heureusement une prise de conscience internationale semble enfin se faire jour.

Quant aux autres, poussées à l'exil pour des raisons économiques parce qu'ils ne peuvent plus manger à leur faim, ils viennent souvent de régions où la responsabilité d'une mondialisation injuste à leur égard est immense.

De plus en plus de migrants venant du sud, tentent au péril de leur vie, ils la perdent malheureusement trop souvent, de rejoindre l'Occident. Si je comprends bien que l'asile politique et la migration économique nécessitent chacune des réglementations particulières ; je considère que de vouloir faire une différence entre les « réfugiés politiques » et les « réfugiés économiques », faire un tri en quelque sorte entre les « vrais » et les « faux » réfugiés ; entre les « bons » et les « mauvais » migrants, est une grave erreur. Personne ne quitte son pays, ses origines, sa famille pour le plaisir. Mourir sous les balles ou mourir de faim, c'est le même drame. Tous ces gens fuient la mort. Il faut les accueillir ici et les aider là-bas.

La communauté internationale doit modifier sa manière d'appréhender les phénomènes des migrations politiques et économiques. Les grandes inégalités économiques planétaires sont une source de déséquilibres politiques et économiques. Elles attisent les haines et provoquent souvent les guerres. Il faut un développent plus juste à travers la planète, une réelle coopération économique Nord-Sud et encourager la démocratie partout dans le monde pour combattre la mal-gouvernance.

Là aussi, il s'agit de responsabilités. Refuser de les assumer, faire la sourde oreille face à la clameur des migrants ne serait pas digne de la France. C'est une question d'humanité. Et ce ne serait pas, en pensant lui emboîter le pas, réduire le Front National. Je pense le contraire : ce serait lui donner raison et contribuer à le crédibiliser.

L'autre lubie de l'extrême-droite ce sont les millions de celles et ceux, installés sur notre sol depuis parfois des décennies, qui sont souvent français, et que l'on continue de désigner comme « étrangers » ou d'origine étrangère.

Après les attentats terroristes du début de l'année certains – le Front National et une partie de la droite - ont stigmatisé l'ensemble de la communauté musulmane. C'est indigne !

J'ai toujours vécu dans les banlieues populaires et je crois bien connaître la situation qui caractérise ces territoires. C'est du chômage, de la précarité et de l'abaissement de la présence de l'État dont beaucoup de nos concitoyens souffrent.

Nous sommes différents, par l'histoire et la culture ? Sans doute. Mais après ?

Je prétends, à partir de mon expérience, que ce qui nous rassemble, les aspirations simples de la vie – le désir d'avoir un travail, un logement décent, les moyens d'élever correctement nos enfants – est bien plus fort que ce qui peut éventuellement nous séparer.

La modernité ce n'est pas de nier les différences, encore moins de les stigmatiser. C'est d'en faire un trésor collectif.

Enfin pour terminer sur les enjeux qui incombent à la gauche pour reprendre sa place je voudrais rappeler l'importance de se saisir des questions écologiques. Une vie plus apaisée, moins dépendante de la consommation, plus harmonieuse avec la nature est une aspiration légitime.

J'ai acquis la conviction – ce fut pour moi un cheminement – de l'importance cardinale des problèmes liés aux conséquences sur la nature et sur les êtres humains de la vision productiviste du développement. La gauche avait ce travers. Les écologistes avaient de ce point de vue totalement raison.

Je forme le vœu que la COP21, qui se tiendra en décembre à Paris à l'initiative de l'ONU, débouche sur des engagements concrets et significatifs.
Car il y a urgence ! La communauté scientifique ne cesse de nous alerter sur le besoin d'agir beaucoup plus pour réduire les émissions des gaz à effet de serre et leurs effets néfastes sur le climat.

Nous savons aussi, désormais, que s'engager dans cette voie ce n'est pas organiser la décroissance mais organiser autrement la croissance avec des possibilités de filières nouvelles et des créations d'emplois nombreuses et de longue durée.
Je plaide pour une écologie non « punitive » qui sache préserver notre environnement tout

en permettant la satisfaction des besoins humains.

Il faut convaincre que l'économie rime avec écologie. Malheureusement en période de crise c'est difficile. Ceux qui pensent que le marché peut tout réguler opposent systématiquement le développement économique et les réglementations écologiques. Ils veulent tout financiariser, tout marchandiser. L'eau, la terre, la planète... Tout y passe. S'ils le pouvaient ils nous feraient même payer l'air que l'on respire. Il n'y a que leurs profits de court terme qui les intéressent.

C'est pour cette raison qu'il faut mener de front le combat écologique et le combat social. La question sociale et la question environnementale sont une même équation. La clé c'est la solidarité et la lutte contre les inégalités.

Pour conclure

J'ai tenté d'exposer ici les raisons de ma détestation de l'extrême-droite en général et du Front National en particulier. Il ne s'agit pas que de morale en politique – même si c'est important – mais aussi, tout simplement, de politique, c'est à dire de l'action afin de modifier le cours des choses.

Au-delà de la dénonciation, de la condamnation de l'extrême-droite j'ai esquissé quelques propositions pour tenter de changer de « logiciel » politique, tant le nôtre est devenu obsolète. C'est la condition pour que note peuple retrouve confiance dans la politique, dans l'action collective, dans l'engagement individuel. C'est à cette condition que l'on écartera vraiment le danger populiste, qui se nourrit des déceptions, des craintes, des frustrations des citoyens. La tâche est rude, le mal bien installé.

Je suis aussi particulièrement inquiet de constater que certains leaders de la droite dite « classique » soient en proie à une dérive dangereuse qui conduit à épouser les thèses du FN pour de vaines conquêtes électorales. C'est d'autant plus inquiétant que cette dérive est théorisée par l'ancien président de la République, Nicolas SARKOZY.

J'en appelle, enfin, à la gauche, toute la gauche. Elle doit se rapprocher du peuple.

L'heure ne peut être aux manœuvres politiciennes subalternes pour « limiter les dégâts » ou « conserver » quelques places lors des prochaines consultations électorales. L'heure n'est pas à la médiocre défense de telle ou telle position personnelle ou d'appareil politique.

La gauche est forte lorsqu'elle défend les valeurs essentielles de solidarité et d'équité. Le « mieux vivre ensemble » n'est qu'une formule vide si nous ne comblons pas les grandes inégalités. Il y va de son honneur, de sa crédibilité et de l'avenir de la France.

Je suis inquiet, mais je ne renonce pas. Et j'invite chacune et chacun à ne pas renoncer. Alors à l'inquiétude pourra succéder l'espoir.

Table des matières